18
61

THÈSE

POUR LA LICENCE

THÈSE

POUR

LA LICENCE

SOUTENUE

EN EXÉCUTION DE L'ARTICLE 4, TITRE 2, DE LA LOI DU 22 VENTÔSE AN XII,

Par M. BOURGOING (Henry).

Né à SAINT-ANDRÉ (Gard).

TOULOUSE

IMPRIMERIE BAYRET, PRADEL ET Cᵉ,

PLACE DE LA TRINITÉ, 12.

1861

MEIS NEC NON AMICIS.

JUS ROMANUM.

De Actionibus stricti juris, bonæ fidei et arbitrariis.

(INST. JUST., Liv. IV, Tit. VI, §§ 28 et 31 ; COD., L. 12, § 3,
Lib. III, Tit. XXXI.)

Actio nihil aliud est secundùm definitionem Celsi quam jus , quod sibi debeatur, *judicio* persequendi. (L. 51, D., *de Oblig. et Act.*).

Notandum est verbum hoc *judicio* pro *jure* a Triboniano scriptum esse, dum etenim digestorum prudentes florerent, omnis actio in jure, non autem in judicio deducebatur. Actione vero in jure deductâ, formula quædam concipiebatur quâ arbiter aut judex constituebatur, cujus potestas plus minusve patebat, secundùm actionis naturam. Cum enim judicis officium spectatur distinguendum est inter actiones stricti juris, actiones bonæ fidei nec non et actiones arbitrarias. Si enim stricti juris non ex totâ æquitate, sed secundum formulæ rigorem a judice statuendum erat.

Notandum est omnes actiones quæ vel stricti juris vel bonæ fidei sunt in personam esse; circà autem actiones arbitrarias reperimus tam in rem quam in personam.

§ 1er. — *De stricti juris actionibus.*

Omnes actiones stricti juris ex istis contractibus quæ unam tantùm obligationem ex uno latere pariunt, descendunt, veluti ex mutui datione, vel ex stipulatione, vel ex omnibus ferè negotiis ex quibus nascitur actio quæ vocatur condictio, condictio scilicet *certi*, cùm certa pecunia, vel alia certa res postulatur, *incerti* verò cum postulatur incertum. In iis actionibus strictissimè judex secundum formulæ rigorem statuere debet. In illius officio tantum continetur, ut declaret si inter partes aliqua fuerit stipulatio vel mutui datio ob quam ad aliquid dandum obstrictus esset reus. Ex his apparet debitorem omnimodo condemnandum esse ex eo solo quod mutui datio vel stipulatio intervenerit. Et ideo si debitor conventus dolum creditoris objiciendo condemnationem omnimodo effugere cupit, vel saltem minuere desiderat, frustrà tales debitor allegationes coràm judice explanabit; judex enim rigore formulæ obstrictus illas non poterit admittere.

Itaque si aliquid doli in contrahendo negotio intulerit creditor, liberum est creditori in jure conventus exceptionem doli coràm prætore proponere et postulare ut præscribatur hæc exceptio in formulam actionis. Et si res ità agitur, tunc poterit judex, cujus officium et potestas sic aucta fuerit dolum admittere et sententiam secundum æquitatem non autem stricti juris rigorem ferre.

§ 2. — *De actionibus bonæ fidei.*

Transeamus nunc ad bonæ fidei actiones. Secundum quod nos docet Gaïus bonæ fidei judicia sunt hæc : ex empto vendito, locato conducto, negotiorum gestorum, mandati, depositi, fiduciæ, pro socio, tutelæ, commodati (iv, § 62); quibus adjicit Justinianus : actiones pigneratitiam, familiæ erciscundæ, communi dividundo, præscriptis verbis quæ de æstimato proponitur, et eam quæ ex permutatione competit, et hæreditatis petitionem. (INST., liv. iv, t. 6, § 28.)

Ex hâc enumeratione facillimè intelligi potest omnes bonæ fidei actiones ex omnibus contractibus ex quibus obligationes mutuæ nascuntur descendere. In his autem bonæ fidei judiciis libera potestas permitti videtur judici ex æquo et bono æstimandi quantùm actori restitui debeat, nec opus est doli mali exceptione; et ob id dicitur in judiciis bonæ fidei dolum malum semper ab esse oportere (L. 6, § 9, D., 19, 1); dicitur adhùc doli mali exceptiones bonæ fidei actionibus inesse et eas in se continere doli mali exceptionem. Largiùs ergò in his actionibus videtur officium judicis, in quo non solum continetur ut ex æquo et bono æstimationem faciat, sed etiam ut habitâ ratione ejus quod invicèm actorem ex eâdem causâ præstare oportet, in reliquum eum cum quo actum est, condemnare debeat.

Secùs autem in strictis judiciis; attamen ex rescripto divi Marci, opposita doli mali exceptione compensatio inducebatur.

Quærebatur tamen an hæreditatis petitio communerari possit inter bonæ fidei judiciis? Videamus quæ fuerit hujus dubitationis causa. Cùm enim omnes actiones quæ aut bonæ fidei aut stricti juris sunt, in personam concipiuntur, quomodò quæri possi an hereditatis petitio quæ in rem concipitur, bonæ fidei aut stricti juris esse videatur? Facillimè tamen responditur veteres tantùm dubitavisse an opus esset exceptione doli in formula hæreditatis petitione, vel non; quod evidenter apparet ex Paulo et Gaïo (L. 38, 39, § 1, D., *de Hered. petit.*). Justinianus autem ne circà officium judicis in hæreditatis petitione in posterum dubitetur statuit hereditatis petitionem omnimodò bonæ fidei judiciis communerari (L. 12, § 5, Cod.; *de Petit. hered.*).

§ 3. — *De arbitrariis actionibus.*

Prætereà quædam actiones arbitrariæ, id est ex arbitrio judicis pendentes, appellantur. Namque sicut nos docet Gaïus (IV, § 163) si arbitrum postulaverit is cum quo agitur accipit formulam quæ appellatur arbitraria : nam judicis arbitrio si quid restitui vel exhiberi debeat, id sinè pœna exhibet vel restituit, et ità absolvitur ; quod si nec restituat neque exhibeat quanti ea res est, condemnatur. Judex idèo vel arbiter priusquàm condemnationem ferat jussum de restituendo vel exhibendo dicit.

Sed istæ actiones tam in rem quam in personam inveniuntur; in rem veluti Publiciana, Serviana de rebus coloni, quasi Serviana quæ etiam hypothecaria vocatur; in personam, veluti quibus de eo agitur quod aut metus causa, aut dolo malo factum est, item cum id quod certo loco promissum est petitur; ad exhibendum quoque actio ex arbitrio judicis pendet. In his enim actionibus et ceteris similibus permittitur judici ex bono et æquo, secundum cujusque rei de quâ actum est naturam, æstimare quemadmodum actori satisfieri oporteat. (Inst. Just., lib. iv, t. 6, § 31). Quùm formula a prætore ad judicem dabatur facillimè actor formulam arbitrariam obtinebat quamvis bonæ fidei secuudùm suam propriam naturam fuerit actio quâ experiebatur, et exempli gratia cum depositi vel commodati ageret formulam arbitrariam obtinere poterat, additâ clausulâ : *nisi restituat*.

QUESTIO.

Quæritur an jussus judicis in arbitrariis actionibus manu militari ad executionem duci possit? — Potest, cum restitutio possibilis videatur.

CODE NAPOLÉON.

Du pouvoir tutélaire, de ses trois éléments, et des divers ordres des tuteurs.

(390 à 426.)

TITRE PREMIER.

Du pouvoir tutélaire.

Tant que le mariage subsiste, la puissance paternelle tient lieu de tutelle; mais dès que les enfants mineurs viennent à être privés de leurs protecteurs naturels, le pouvoir domestique se trouve modifié et prend le nom de pouvoir tutélaire. Celui qui a accepté ce pouvoir, reçoit un mandat, consacré par la loi, qui s'appelle tutelle (*tueri,* défendre), et il est tenu de l'exercer comme une charge publique (*munus quasi publicum*). C'est aussi une charge de famille, c'est-à-dire qu'avant d'y admettre un étranger, il faut examiner s'il n'y a pas dans la famille des personnes capables de la tutelle; enfin, c'est une charge gratuite, car le tuteur ne peut demander d'honoraires; elle est personnelle et ne passe pas aux héritiers (art. 419). Ils sont cependant responsables de la gestion de leur auteur, et s'ils sont majeurs, ils sont tenus de la continuer jusqu'à la nomination d'un nouveau tuteur.

Après la dissolution du mariage, alors même que l'époux survivant reste fidèle aux devoirs de la paternité, l'administration de la personne du pupille et de ses biens réclame de nouvelles garanties, et la loi intervient encore pour protéger les mineurs. Le pouvoir domestique se modifie, dans ces circonstances, par l'institution d'un conseil de famille et du subrogé-tuteur.

Considérons ces trois éléments du pouvoir tutélaire : Conseil de famille ; — Personnes auxquelles la tutelle est déférée ; — Subrogé-tuteur.

Premier élément. — CONSEIL DE FAMILLE.

Le législateur ne s'est pas borné à protéger les mineurs et à leur donner les moyens légaux de prévenir ou de réparer le tort que pourraient leur causer la négligence ou le mauvais vouloir de leur tuteur, il a voulu aussi placer ce dernier sous la surveillance d'un conseil de famille.

Ce conseil est donc une institution chargée de la surveillance de la tutelle.

Examinons les dispositions du Code Napoléon, relatives :

1° A l'organisation de ce conseil (407 à 410) ;

2° A la convocation de ce conseil (406, 411, 414) ;

3° Au mode de ses délibérations et à leur caractère (415, 416).

1° Organisation du conseil de famille.

Le conseil est composé, outre le juge de paix, de six parents ou alliés, pris tant dans la commune où la tutelle est ouverte que dans la distance de deux myriamètres, moitié du côté paternel, moitié du côté maternel, et en suivant l'ordre de proximité dans chaque ligne. Le parent sera préféré à l'allié du même degré ; et parmi les parents du même degré, le plus âgé à celui qui le sera le moins (407). Le membre-né de ce conseil est le juge de paix. La loi lui en confère la présidence (art. 407, 416). — De là il résulte : que la délibération est nulle si le juge de paix a présidé sans prendre part à la délibération et sans voter; qu'il continue à être membre et président alors qu'une précédente délibération a été déclarée nulle; et que personne, autre qu'un suppléant, ne pourrait le remplacer, serait-ce un membre du tribunal de première instance. La loi a prévenu l'influence d'une ligne sur l'autre, en exigeant un nombre égal de parents de chacune des deux lignes; mais cette composition peut recevoir quatre modifications :

1º Les frères germains du mineur et les maris des sœurs germaines sont exceptés de la limitation posée par l'art. 407. Quel que soit leur nombre, ils sont appelés au conseil qu'ils composent alors seuls, à l'exclusion de tous les autres. (Arrêt de la Cour de Cassation du 10 août 1815.) Si les frères germains, ou les maris des sœurs germaines, sont inférieurs au nombre six, on appelle les autres parents pour compléter le nombre.

2º Les ascendants et ascendantes du mineur jouissent du même privilége que les frères germains et les sœurs germaines. Ils sont comme eux, quel que soit leur nombre, appelés au conseil. L'art. 408 dit : les veuves d'ascendants; l'expression est inexacte; l'article veut dire : les ascendantes veuves. Car la marâtre ne peut point faire partie du conseil, et pourtant elle est veuve d'un ascendant de l'enfant. Et les ascendantes du mineur ne sont appelées qu'autant qu'elles sont veuves, car si leur mari vivait, ce serait lui qui serait appelé.

3º Il se peut qu'il n'y pas sur le lieu ou dans la distance de deux myriamètres, des parents ou alliés en nombre suffisant pour composer le conseil de famille. Alors le juge de paix peut, suivant qu'il le croit le plus utile aux intérêts du mineur, appeler soit des parents domiciliés à de plus grandes distances, soit aussi, mais seulement dans la commune même, des personnes avec qui il sait que le père ou la mère du mineur avaient des relations d'amitié.

Il faut remarquer que l'art. 409 dit que cette disposition s'applique distributivement et séparément à l'une et à l'autre ligne, et que s'il y a insuffisance de parents dans une ligne, des membres de l'autre ligne ne doivent pas compléter le nombre; car l'équilibre d'influence que l'art. 407 veut maintenir, serait alors aboli. Si dans la ligne paternelle, comme dans la ligne maternelle, le nombre voulu n'était pas atteint, en cas d'insuffisance des parents, on prendrait des amis paternels ou maternels, suivant de quel côté viendrait l'insuffisance.

Dans le projet de la loi, le mot *voisin* se trouvait à côté des parents et des amis; mais les relations du voisinage, comme le fait très bien remarquer Locré (1), ayant de nos jours beaucoup perdu de leur ancienne intimité, ce mot a été effacé.

4° Quoique dans la commune ou la circonscription légale il se trouve un nombre suffisant de parents ou d'alliés, le juge de paix peut en appeler d'autres, à quelque distance qu'ils se trouvent; mais il est à remarquer que ceux-ci doivent être plus proches en degrés, ou au moins du même degré que les parents présents (410).

2° Convocation du conseil de famille.

En quel lieu est formé ce conseil? — La tutelle s'ouvre évidemment où le mineur est domicilié, lorsqu'arrive l'évènement qui la fait naître, c'est-à-dire la dissolution du mariage de ses père et mère (390); c'est donc au domicile du père qu'elle s'ouvre toujours; car, pendant le mariage, c'est au domicile même du père que l'enfant est domicilié (108).

Le domicile primitif est donc celui qu'avait le père à la dis-

____
(1) Locré, t. xii, p. 107 et 132.

solution du mariage. Mais ce domicile est-il fixé définitivement ?
peut-il, au contraire, pendant le cours de la tutelle, être dé-
placé, soit par la mort, la destitution ou l'exclusion du tuteur,
ce qui donne ouverture à une autre tutelle, soit par le dépla-
cement du domicile du tuteur ?

Lorsque le tuteur originaire, enseignent deux jurisconsultes
éminents (Valette sur Proudhon, tome II, p. 313 ; Demolombe,
tome VII, pages 147. 242), est remplacé par un autre tuteur, le
domicile de la tutelle reste le même, lors même que le nouveau
tuteur aurait un domicile différent de celui du tuteur qu'il rem-
place.

Le père survivant est, je suppose, domicilié à Paris, il vient
à mourir ; le tuteur que l'on choisira au mineur est à Toulouse :
le siége de la tutelle reste à Paris ; c'est là que le conseil de
famille devra être assemblé toutes les fois que la convocation sera
nécessaire.

M. Marcadé, tome II, art. 406, fait, au contraire, cette distinction :

Le tuteur est-il datif ? le domicile de la tutelle est invariable.
Comment, en effet, le tuteur, qui n'est en quelque sorte que
le délégué, le commis du conseil que l'on a nommé, pourrait-il
s'en rendre indépendant en déplaçant son propre domicile ?

Le mandataire ne peut pas briser le pouvoir de son mandant.

Le tuteur est-il légitime ou testamentaire ? le domicile de la
tutelle change toutes les fois que le tuteur change le sien. Dans
ce cas, en effet, le tuteur existe avant le conseil de famille et
indépendamment de lui ; c'est de la loi même, ou de la déclaration du dernier mourant des père et mère, qu'il tient son titre ;
au lieu d'être, comme le tuteur datif, attaché au conseil, c'est
le conseil qui est attaché à sa personne ; c'est donc à son propre domicile, quel qu'il soit, que le conseil doit être convoqué.

Cette dernière opinion n'est guère admissible, et nous nous
rangeons de l'avis qu'aucun tuteur ne peut, en changeant son
domicile propre, changer le domicile primitif de la tutelle.

Cette opinion paraît, d'ailleurs, être aujourd'hui presque una-
nimement confirmée par la jurisprudence; car, outre les auteurs
recommandables qui se sont rangés de cet avis, tels qne Toull-
lier, Valette, Delvincourt, deux arrêts de la Cour de Cassation
ont confirmé l'opinion de ces jurisconsultes. (Cass., 11 mai 1842,
Mouthon; Dev., 1846, t. I, 6625; Cass., 17 décembre 1849, Cas.;
Dev., 1850, t. I, 298.)

Par qui doit être convoqué le conseil de famille ? Par le juge
de paix ; il le peut même d'office, lorsqu'il juge cette convocation nécessaire. Mais certaines personnes ont le droit de requérir
cette convocation, telles que les parents, lorsqu'on procède à la
nomination du tuteur, le subrogé-tuteur et aussi le tuteur.

L'art. 406, qui traite cette matière, ne parle pas du subrogé-
tuteur ; c'est qu'il ne s'occupe que de la nomination du tuteur,
et, par conséquent, d'une hypothèse dans laquelle elle ne le fait
pas entrer.

Nul texte ne dit que le tuteur ait le droit de convoquer le
conseil ; mais, puisque le tuteur doit très souvent en référer au
conseil de famille, il me semble qu'il doit avoir droit de requérir cette convocation ; c'est ce qui résulte des articles 454, 461
et de l'art. 468.

La convocation est faite par une citation notifiée par huissier
à chacune des personnes faisant partie du conseil. Le juge de
paix doit régler le délai de la comparution, et il doit toujours
y avoir, entre le jour de la citation notifiée et le jour de la
réunion, un intervalle de trois jours au moins, intervalle aug-
menté, pour les personnes non résidantes dans la localité, d'un
jour par trois myriamètres (411).

Pour éviter les frais de citation au minenr, la loi du 27 mai
1838, art. 17, permet au juge de paix de faire cette convocation par lettre ou bien verbalement. Mais ce mode n'étant pas
officiel, ne permet pas alors d'appliquer l'art. 413 ainsi conçu :
Tout parent ou allié, ou ami qui, sans excuse valable, ne com-

paraîtra pas, sera puni d'une amende qui ne pourra excéder 50 francs, et qui sera prononcée sans appel par le juge de paix. Si l'excuse présentée par le membre non comparaissant est, aux yeux du juge de paix, suffisante, il peut, ou attendre le membre absent, ou le remplacer. L'intérêt du mineur doit être le mobile du juge de paix.

Les parents, amis, alliés, quel que soit le lieu où ils demeurent, seront tenus de se rendre en personne, ou de se faire représenter par un mandataire spécial; et il est à remarquer, ajoute l'art. 412, que ce mandataire ne peut représenter qu'une seule personne.

3° Mode de ses délibérations et leurs caractères.

L'assemblée se tient ordinairement chez le juge de paix, à moins que celui-ci n'ait désigné un autre local (415); et pour que le conseil puisse délibérer, il faut que les trois quarts, au moins, des membres convoqués soient présents; le juge de paix est mis en dehors de cet art. 415, car c'est lui qui convoque.

Si, comme d'ordinaire, le conseil est composé de six membres, plus le juge de paix, il faut, pour délibérer, cinq membres, sans y compter le juge de paix; car cet article demande les trois quarts au moins.

L'art. 415 lui donne voix délibérative et prépondérante en cas de partage.

Ces mots : en cas de partage, ont donné lieu à de sérieuses difficultés.

Quand y aura-t-il partage?

Pourra-t-il se former plus de deux opinions, et, en ce cas, les opinants en nombre inférieur seront-ils forcés de se réunir à une des deux opinions les plus nombreuses?

En d'autres termes, la majorité absolue, c'est-à-dire la moitié plus un des opinants, sera-t-elle nécessaire pour la validité des délibérations du conseil, ou suffira-t-il de la majorité relative, c'est-à-dire de celle qui réunit le plus de suffrages, quoique inférieure à la moitié des opinants ?

M. Duranton, t. III, n° 466, pense que la majorité absolue est nécessaire, et que s'il se forme plusieurs opinions, les moins nombreux sont obligés de se réunir à l'une des deux opinions qui a obtenu le plus de suffrages, comme dans le cas de l'art. 117 du Code de Procédure, ainsi conçu :

« S'il se forme plus de deux opinions, les juges plus faibles » en nombre seront tenus de se réunir à l'une des deux opinions » qui auront été émises par le plus grand nombre. »

D'autres auteurs (Toullier, t. II, n° 1121 ; Dalloz, t. XII, n° 16) penchent pour la majorité relative, et cette opinion paraît préférable. Dans le silence de la loi, il n'est pas possible de créer une obligation pour certains membres du conseil et les contraindre à abandonner leur opinion pour se ranger à l'une de celles que d'autres membres ont embrassé. L'art. 117 du Code de Procédure est assez explicite, mais il ne s'applique qu'aux juges et ne doit pas être étendu à un autre cas.

Mais en règle ordinaire, art. 407, les délibérations du conseil de famille demandent, pour être valables, la présence de cinq personnes au moins, sans compter le juge de paix ; et si le conseil se compose de plus de six personnes (art. 408), la présence des trois quarts des membres est nécessaire.

Les résolutions sont prises à la majorité absolue des voix.

La voix du juge de paix est comptée, et, en cas de partage, elle est prépondérante. Ainsi, le caractère des délibérations du conseil est l'accord de ses membres dans les résolutions qui sont spéciales à l'intérêt du pupille. Quant aux attributions du conseil, elles sont réglées toutes les fois qu'un acte relatif à la tutelle nécessite ou motive l'intervention de ce conseil, la loi l'exprime formellement ou bien la doctrine supplée au silence de la loi.

Second élément. — PERSONNES AUXQUELLES LA TUTELLE EST DÉFÉRÉE.

La tutelle est déférée, soit par la loi, soit par le choix du père ou de la mère, soit par la nomination du conseil de famille.

Considérons, d'après les qualités des personnes qui en sont investies, la distinction des quatre espèces de tutelles, dans l'ordre suivant :

1° Tutelle naturelle des père et mère ;

2° Tutelle déférée par le dernier mourant des père et mère à un proche parent, ou bien à un ami investi de sa confiance ;

3° Tutelle légitime des ascendants, déférée par la loi au plus proche d'entr'eux, avec préférence pour celui de la ligne paternelle ;

4° La tutelle élective déférée par délibération du conseil de famille.

§ 1. — De la tutelle naturelle des père et mère.

Durant le mariage (389), le père est administrateur des biens personnels de ses enfants mineurs. La loi n'a pas voulu soumettre les père et mère à toutes les charges de la tutelle et leur en imposer les conditions, parce que leur affection offre assez de garantie à l'intérêt de l'enfant.

De cette différence entre l'administration du père et la tutelle, dérivent plusieurs effets : point de conseil de famille, point de subrogé-tuteur, à moins que le père n'ait des intérêts opposés à ceux de son fils.

Ce n'est qu'à la dissolution du mariage, arrivée par la mort naturelle de l'un des époux, que la tutelle appartient de plein droit au survivant des père et mère, lors même qu'il serait mineur (390), car si les mineurs sont incapables, l'article 442 fait exception. Nul, mieux que le survivant, ne pourra se charger de cet emploi. Il y a pourtant une différence entre le père et la mère survivants. Le père devenant tuteur, sa qualité change, il est vrai, mais son administration reste la même. Le père peut, de plus, imposer à la femme un conseil. La mère peut refuser la tutelle, et en cas de secondes noces on peut la lui enlever.

La nomination d'un conseil à la mère, sans l'avis duquel elle ne peut faire aucun acte relatif à la tutelle, ne peut avoir lieu que par testament, ou par une déclaration faite devant le juge de paix, assisté de son greffier, ou devant notaire. Le juge de paix compétent pour recevoir cette déclaration doit être, dit Zachariæ, celui du domicile de la femme survivante. Ce conseil spécial n'a pas le droit d'agir pour le mineur; il n'est là que pour donner des conseils, et il peut s'opposer aux actes qui, d'après l'acte de sa nomination, doivent être revêtus de son approbation, et qui restent sans effet s'ils ont lieu au mépris de son opposition et même sans son avis. Jamais les attributions de ce conseil ne peuvent aller jusqu'à porter atteinte aux droits dérivant de la puissance paternelle qui, après le père passent à la mère, laquelle ne peut pas en être privée par la volonté de son mari. Le père ne peut pas, en effet, adjoindre, pour les actes relatifs à la tutelle, une sorte de co-tuteur qui concourrait avec elle à la gestion.

La nomination de ce conseil appartient au père seul; et si la personne qu'il a désignée refuse, meurt ou est incapable, elle ne peut pas être remplacée. (Marchant, nº 17; Duranton, t. III, nº 421.)

Lorsqu'à l'époque de la mort du mari la femme est enceinte, on doit nommer un curateur au ventre. Lorsque la mère a accouché, elle devient tutrice, et le curateur est, de plein droit, subrogé-tuteur. Ce curateur fait des actes conservatoires, et, en cas d'urgence, des actes d'administration.

Lorsqu'il y a des enfants déjà nés, le curateur au ventre est nécessaire.

Si les enfants sont mineurs, leur subrogé-tuteur est nommé curateur *ad ventrem*, ou en tient lieu.

S'ils sont majeurs, le curateur est de toute nécessité; car, au-
trement, l'enfant conçu n'aurait personne pour veiller à ses intérêts et prévenir les fraudes, détournements et dilapidations auxquels
pourraient se livrer les enfants existants. (Marcadé, t. II, art. 393).

Le père ne peut pas refuser la tutelle de ses enfants; mais la
loi, qui a présumé l'insuffisance de la capacité de la mère, en
autorisant le père à restreindre son pouvoir tutélaire, se fonde
sur le même motif pour autoriser la mère à refuser la tutelle;
mais elle doit, dans ce cas, en remplir les devoirs jusqu'à ce
qu'elle ait fait nommer un tuteur.

Plusieurs jurisconsultes (Toullier, Valette), s'attachant aux termes de l'art. 394, prétendent que la mère, une fois acceptant la
tutelle, perd la faculté de s'en démettre. Je crois que ce n'est pas
là l'esprit de la loi. La mère peut toujours s'en démettre pendant
la tutelle, lorsqu'elle reconnaît sa faiblesse. Du reste, si la mère
vient à se dessaisir de la tutelle, elle ne peut la reprendre.

Le second mariage du père qui a des enfants mineurs d'un premier lit, ne change rien à son droit et à son devoir de tutelle,
parce qu'il reste toujours le chef de la famille. Mais il n'en est
pas de même de la mère tutrice qui se remarie; elle se soumet
à l'influence de son nouvel époux, qui pourrait devenir préjudi-
ciable aux enfants du premier lit.

C'est pour prévenir ces inconvénients, que la loi a voulu que
la mère tutrice qui se remarie convoque, avant l'acte de mariage, le conseil de famille qui décide si la tutelle lui doit être
conservée. A défaut de cette convocation, elle perd la tutelle;
son nouveau mari est solidairement responsable de toutes les
suites de la tutelle qu'elle a indûment conservée.

La mère, en convolant en secondes noces, ne devient pas pourtant incapable de gérer la tutelle; rien dans la loi n'empêche
le conseil de famille de lui conférer la tutelle dative.

Si le conseil de famille lui laisse la tutelle, le mari est nommé
co-tuteur de sa femme et devient solidairement responsable de

3

la gestion postérieure au mariage ; le second mari devient bien alors tuteur et est sujet à l'hypothèque légale ; mais sa tutelle n'est qu'accessoire à celle de la femme et cesse de produire ses effets, si par une cause quelconque la femme perd la qualité de tutrice.

Le père ou la mère de l'enfant naturel reconnu ont-ils la tutelle de leurs enfants? cette importante question, sujette à controverse, a été résolue négativement par deux éminents jurisconsultes, Sirey et Duranton. La tutelle légitime des père et mère n'ayant lieu qu'à la dissolution du mariage, disent-ils, ne saurait être attribuée au père ou à la mère naturels, et que, dans le silence de la loi, il ne faut pas créer une nouvelle espèce de tutelle légale.

Mais on doit remarquer qu'il existe dans le Code plusieurs articles qui déclarent communes aux enfants naturels légitimement reconnus, les conséquences de la paternité et de la filiation. Sans entrer trop avant, l'art. 158, qui se rattache à l'enfant naturel, prétend qu'il doit, comme l'enfant légitime, faire des actes respectueux.

Mais des considérations graves font admettre, dans le doute de la loi, que la tutelle doit être attribuée aux père ou mère naturels ; car l'intérêt de l'enfant, sa fortune, dépendent plutôt de l'administration de son père ou mère, que d'un abandon nuisible le plus souvent aux intérêts sociaux.

§ 2. — De la tutelle déférée par le dernier mourant des père et mère à un proche parent ou bien à un ami investi de sa confiance.

Cette tutelle tient le second rang, parce que, émanée de la volonté du père ou de la mère, en qui la loi trouve la meilleure garantie de l'intérêt des enfants, elle participe, en quelque sorte, de la tutelle qu'elle lui attribue. Cette tutelle était désignée, chez les Romains, sous le nom de *tutelle testamentaire*.

Cette désignation est assurément très exacte pour le cas où

la tutelle est déférée par un acte de dernière volonté, c'est-à-dire dans la forme d'un testament et pour produire son effet après le décès du dernier mourant des père et mère; mais dans le cas où elle est déférée par une déclaration faite devant le juge de paix ou devant notaire (398), il semble que le nom de tuteur testamentaire ne lui convient plus, puisque l'acte par lequel le tuteur a été nommé n'a point les formes d'un testament. Cependant, comme elle ne doit. de même que celle déférée dans la forme de testaments, produire son effet qu'après la mort du père ou de la mère qui l'a deférée, on l'a comprise sous la même dénomination.

Aucun époux n'a le droit d'exclure de la tutelle légitime celui des deux qui survivra à l'autre. Le droit de nommer un tuteur testamentaire n'appartient donc qu'au dernier mourant des père et mère; cependant le dernier mourant n'a pas toujours le droit de nommer un tuteur à ses enfants mineurs.

La femme remariée, et non maintenue dans la tutelle, en est privée (399). Il serait assez inconséquent de lui permettre d'attribuer à autrui un droit qu'elle ne peut exercer elle-même.

Il en est de même :

1º Pour l'interdit, qui est lui-même en tutelle et dont la volonté n'est pas éclairée ; 2' pour celui qui a été exclu ou destitué d'une tutelle, qui ne peut pas être membre d'un conseil de famille (445) ; 3º enfin, pour les père ou mère qui ont facilité la corruption de leurs enfants, car ils sont interdits de toute tutelle, et, en outre, privés des prérogatives de la puissance paternelle (335, C. Pénal).

Le dernier mourant peut choisir pour tuteur un parent ou une personne, quelle qu'elle soit, jugée digne de sa confiance ; mais cette personne n'est tenue d'accepter la tutelle testamentaire que dans le cas où elle aurait été tenue d'accepter la tutelle dative, si elle lui avait été déférée par le conseil de famille. Le choix, la désignation du dernier mourant des père et mère, n'a rien, sous ce rapport, de spécialement obligatoire (401).

Si la personne nommée par le dernier mourant des père et mère n'accepte pas la tutelle, son devoir est d'en instruire immédiatement le juge de paix, afin que le conseil de famille, convoqué, apprécie son refus ou son excuse.

§ 3. — De la tutelle légitime des ascendants, déférée par la loi au plus proche d'entre eux, avec préférence pour celui de la ligne paternelle.

La tutelle légitime des ascendants, inconnue dans les pays coutumiers, où la tutelle était le plus généralement dative, nous vient des pays de droit écrit, qui l'avaient eux-mêmes empruntée à tutelle des agnats du Droit Romain.

Le Code Napoléon, en admettant cette tutelle, a pensé que l'affection, toujours si grande des ascendants pour leur petit-fils, était une garantie suffisante pour qu'il leur confiât, de droit, la tutelle.

D'après l'art. 402, il n'y a pas lieu à la tutelle des ascendants :

1° Si le survivant des père et mère existe encore. — Alors même qu'ils n'auraient pas d'abord accepté, ou qu'ils en eussent été excusés, exclus ou destitués, le conseil de famille nomme un tuteur datif ;

2° Si le dernier mourant a choisi un tuteur testamentaire à ses enfants. — Le dernier mourant, en la sagesse duquel la loi a confiance, par la nomination d'un tuteur testamentaire, manifeste l'intention d'exclure les ascendants, et cette manifestation élève contre eux une présomption.

Or, la présomption n'est pas détruite par la circonstance que le tuteur testamentaire n'a pas accepté la tutelle ou qu'il en a été écarté.

Si le tuteur testamentaire a manqué de l'être parce qu'il est mort avant le père ou la mère qui l'a nommé, la tutelle des ascendants est-elle permise ? M. Marcadé prétend que la tutelle est admise. (T. II, art. 402, n° 2.)

M. Duranton partage son opinion, et la raison qu'il donne

est assez subtile : « Si , dit-il, les ascendants restent exclus lorsque le tuteur testamentaire a été exclu ou destitué de la tutelle, c'est qu'alors il ne cesse pas , à proprement parler, d'être tuteur ; on peut dire qu'il l'est encore : seulement , il est dépouillé de l'administration. Mais , lorsqu'il est mort, il n'y a plus réellement de tuteur choisi par le dernier mourant, et alors rien ne fait plus obstacle à la tutelle des ascendants. »

Il n'y a pas lieu à la tutelle des ascendants , si au décès des père et mère , un tuteur datif est en exercice.

La tutelle légitime n'appartient qu'aux ascendants mâles (402, 404). Les ascendantes n'y sont pas appelées ; la mère seule est tutrice légale (390).

Parmi les ascendants mâles , la loi défère la tutelle en considération du degré d'abord et de la ligne ensuite. L'ascendant le plus proche, dans quelque ligne qu'il se trouve, est donc d'abord appelé ; mais , à égalité de degré , la préférence appartient à l'ascendant paternel.

S'il y avait , tout à la fois, égalité de ligne et de degré , la loi distingue. Ainsi, si cette concurrence s'établit entre deux ascendants de la ligne paternelle , la communauté de nom, ce signe visible et principal de parenté, fait passer de droit la tutelle à celui qui est l'aïeul paternel du père du mineur. Pour les ascendants maternels , ce motif de préférence n'existant pas , la loi confie au conseil de famille le soin de désigner celui qui lui paraît plus apte aux fonctions de la tutelle.

§ 4. — De la tutelle élective déférée par délibération du conseil de famille.

Cette tutelle est celle qui est déférée non pas, comme autrefois, par le juge de paix , mais par les parents eux-mêmes, c'est-à-dire par le conseil de famille.

Lorsque la nomination du tuteur n'a pas été faite en sa présence, elle doit lui être notifiée par un des membres de l'assemblée dans les trois jours de la délibération , outre un jour par trois myriamètres de distance entre le lieu où réside le tuteur et celui où s'est tenu le conseil.

Nous avons vu, en étudiant le caractère, la composition et la convocation du conseil de famille, comment il procédait à la nomination du tuteur.

Il lui appartient de nommer le tuteur, lorsque le mineur n'a ni tuteur légitime, ni tuteur choisi par le père ou la mère, ou lorsque le tuteur légitime ou le tuteur choisi ne peut se charger de la tutelle.

Cette nomination a lieu dans la forme ordinaire des délibérations et des résolutions du conseil de famille, et n'a pas besoin d'être homologuée par le tribunal. (Demolombe, 7, n° 491.)

Troisième élément. — DU SUBROGÉ-TUTEUR ET DES DIVERS ORDRES DE TUTEUR.

Ce fut dans la Coutume de Paris (Coutume de Paris, art. 240) que le Code Napoléon trouva l'heureuse inspiration de placer à côté du tuteur, un surveillant, un subrogé-tuteur, qu'il exigea dans toute tutelle (420).

Nommé par le conseil de famille, les fonctions du subrogé-tuteur consistent à surveiller l'administration du tuteur, et pour faciliter cette surveillance, le conseil de famille peut l'autoriser à se faire remettre par le tuteur les états annuels de sa gestion. Si le tuteur gère mal, c'est au subrogé-tuteur à provoquer sa destitution; comme aussi il doit le faire remplacer (424) s'il meurt ou disparaît.

1° *Objet de sa mission.*

L'objet de sa mission est surtout de représenter le mineur et d'agir pour lui toutes les fois que ses intérêts sont en opposition avec ceux du tuteur, c'est-à-dire lorsque le mineur et le tuteur se trouvent, l'un envers l'autre, dans la position de plaideurs ou de contractants.

Ainsi, s'il s'agit d'un partage de succession qui leur est échue en commun, le mineur est représenté par le subrogé-tuteur qui, relativement à ces actes, tient lieu d'un tuteur *ad hoc*.

Hors ce cas, le subrogé-tuteur n'a point qualité pour faire des actes de tutelle ; il ne lui est point permis de s'immiscer dans l'administration ; c'est le tuteur qui a seul droit d'agir.

2° *Modes de son élection.*

Le subrogé-tuteur n'est jamais nommé par la loi, mais par le conseil de famille. Dans la tutelle déférée par le conseil de famille, le subrogé-tuteur ne peut être nommé qu'après l'élection du tuteur ; mais on peut le nommer immédiatement, afin d'éviter les frais d'une seconde convocation du conseil.

Dans la tutelle légitime ou testamentaire, le tuteur, avant d'entrer en fonctions, doit faire nommer le subrogé-tuteur ; si le tuteur s'ingérait dans les affaires du mineur avant d'avoir rempli cette formalité, le conseil de famille, convoqué, pourra, s'il y a eu dol de la part du tuteur, lui retirer la tutelle ; et s'il a causé quelques dommages par son dol, le condamner à indemniser le mineur (421, 425). Le subrogé-tuteur est indépendant du tuteur qu'il surveille.

De là, le tuteur ne peut point : 1° en sa qualité de membre du conseil de famille, participer à la nomination du subrogé-tuteur ; 2° ni provoquer sa destitution, ni voter dans les conseils de famille convoqués à cet effet.

Le subrogé-tuteur ne peut être pris dans celle des deux lignes à laquelle le tuteur appartient.

Lorsque la tutelle est déférée à un étranger, le conseil de famille peut nommer pour subrogé-tuteur qui bon lui semble. Si, au contraire, le tuteur est parent du mineur, la loi apporte une restriction au pouvoir du conseil de famille : *Le subrogé-tuteur,* dit-elle , *sera , dans ce cas , pris dans la ligne à laquelle le tuteur n'appartient pas.*

La loi a voulu dire que le conseil de famille ne doit pas prendre le subrogé-tuteur dans la ligne à laquelle appartient le tuteur ; mais elle n'a pas entendu , je présume, enlever au conseil de famille la faculté de nommer, lorsqu'il le croit convenable, un étranger de préférence à un parent du mineur.

La fonction de subrogé-tuteur est une charge qu'on ne peut refuser, à moins qu'on ne se trouve dans un cas d'excuse légitime.

Comme pour la tutelle, cette fonction cesse par la mort, la majorité ou l'émancipation du mineur.

Si pendant la tutelle le tuteur se démet de sa charge, le subrogé-tuteur conserve la sienne. Cependant le conseil de famille pourra, à raison soit du caractère et de la position du nouveau tuteur, soit aussi à cause des rapports d'amitié existant entre le nouveau tuteur et le subrogé-tuteur en exercice, remplacer ce dernier par un subrogé-tuteur plus convenable.

Le conseil de famille devra nécessairement changer le subrogé-tuteur, lorsque le nouveau tuteur sera pris dans celle des deux lignes du mineur à laquelle ce premier appartient déjà ; car la loi ne veut pas que le tuteur et le subrogé-tuteur soient tous deux pris dans la même ligne.

3° *Des divers ordres de tuteurs.*

Contrairement au Droit Romain (L. 21, § 2, ff. *de Excusatione tutorum*), et à notre ancienne jurisprudence (Merlin , *Répert.*, t. xiv, section 4, § 2, an VIII), le Code Napoléon n'admet en principe qu'un seul tuteur.

Cependant les tuteurs sont tuteurs proprement dits, chargés exclusivement de l'administration de la tutelle ; ou subrogé-tuteurs, comme nous l'avons dit, n'ayant à s'occuper des intérêts des mineurs, qu'autant que ces intérêts pouvaient se trouver en opposition avec ceux des tuteurs (420).

Les tuteurs proprement dits sont ou généraux, ou spéciaux. Le tuteur général représente le mineur dans tous les rapports et dans toutes les relations de la vie civile, et dans chacun d'eux en particulier.

Le tuteur spécial ne représente le mineur que : 1° relativement à certains droits et à certains actes, ou 2° relativement à la fortune qu'un mineur demeurant dans les colonies possède en France, ou réciproquement qu'un mineur demeurant en France possède dans les colonies.

Il prend alors le nom de pro-tuteur. (art. 417).

Le tuteur et le pro-tuteur sont indépendants et non responsables l'un envers l'autre, de leur gestion respective.

QUESTIONS.

I. Un tuteur peut-il être nommé d'une manière conditionnelle pour un certain temps. — Non, en principe ; sauf pour le tuteur désigné par le père et la mère.

II. Quand une personne se fait représenter dans un conseil de famille par un mandataire spécial, faut-il que la procuration exprime la manière dont le mandataire devra voter ? — Non ; la procuration devrait même être rejetée, si elle contenait une semblable précision.

PROCÉDURE CIVILE.

Des matières sommaires.

(Livre II, Titre XXIV).

La loi distingue deux sortes d'affaires : les affaires ordinaires d'une part, et les affaires sommaires d'autre part. Cette division, toute naturelle, repose sur le plus ou moins de difficulté et d'importance que représentent les questions litigieuses.

A la catégorie des affaires ordinaires se rapportent celles qui sont quelque peu compliquées et dans lesquelles s'agitent de grands intérêts. Dans la classe des affaires sommaires, on range les litiges modiques, les procès simples.

Cette différence première devait, forcément, amener le législateur à donner à chacune d'elles une procédure qui leur fût propre.

Le législateur a compris ce besoin ; aussi, comme dans les grandes questions on ne saurait jamais déployer trop de prudence, il a été prescrit pour les affaires ordinaires une marche lente et quelque peu chargée d'écritures, comme étant la voie la plus sûre pour amener une décision juste et vraie ; dans les affaires sommaires, au contraire, comme les difficultés sont toujours moindres, et que d'ailleurs il y a souvent urgence, l'instruction est simple et rapide comme nous le verrons, du reste, par l'étude succincte que nous allons en faire. Mais voyons quelles sont, d'après la loi, les matières sommaires ?

TITRE PREMIER.

Quelles sont les matières sommaires.

Toutes les affaires qui, soit par leur nature, soit par leur modicité, exigent une instruction et une décision rapides et moins dispendieuses que les autres, sont dites matières sommaires.

On distingue six espèces d'affaires sommaires : elles sont énumérées dans l'art. 404 du Code de Procédure civile et dans l'article 1er de la loi du 11 avril 1839.

Ce sont :

1° Les appels des juges de paix ;

2° Les demandes pures personnelles, à quelque somme qu'elles puissent monter, quand il y a titre, pourvu qu'il ne soit pas contesté.

Dès l'instant que la créance est basée sur un titre régulier et dont la sincérité en est formellement reconnue par le débiteur, il n'y a pas de contestation possible. La cause prendrait un autre caractère si la demande était fondée sur un titre contesté soit quant à son existence, par exemple, s'il était argué ou dénié, spécialement lorsque le demandeur prétend avoir égaré le titre, soit quant à sa validité, comme si on lui oppose la fraude, une fausse cause, une nullité.

3° Les demandes personnelles et mobilières formées sans titre, mais qui n'excèdent pas 1,500 fr. de principal; et les demandes immobilières, également formées sans titre, lorsque l'objet litigieux est d'un revenu déterminé, soit en rentes, soit par prise de bail, n'excédant pas 60 fr. (Loi du 11 avril 1838, art. 1er).

4° Les demandes provisoires ou qui requièrent célérité : telles sont les demandes en résiliation de bail, et demandes en provision pour nourriture et aliments.

5° Les demandes en paiement de loyers et fermages et arrérages de rentes.

6° Enfin, les causes désignées spécialement par la loi : telles sont les remises de rapport et les récusations d'experts (C. P., art. 311 et 320); les nominations et destitutions de tuteurs. (C. Napoléon, art. 449.)

Indépendamment des causes que nous venons d'énumérer, il en est plusieurs autres qu'il faut ranger dans la catégorie des causes sommaires. Ce qui caractérise, en effet, les matières sommaires, c'est qu'elles sont instruites sans écriture.

Donc, chaque fois que la loi emploiera des expressions desquelles il résulte que l'instruction orale devra être employée, il faudra considérer comme sommaire la cause dont elle parle; c'est ce qui a lieu dans les cas de revendication de meubles saisis (art. 608); des demandes en élargissements (art. 805); des réceptions de caution (art. 521 et 832), etc., etc.

Après cette énumération des affaires sommaires, il est à propos d'examiner la manière dont elles sont instruites.

TITRE II.

De la procédure des matières sommaires.

Les matières sommaires, avons-nous dit, ont une procédure

spéciale, une instruction particulière, commandée soit par l'ur--gence des affaires, soit par leur peu d'importance. Mais il ne faut pas croire que les garanties dues aux parties ont été sacrifiées par la loi à la rapidité de l'instruction et à l'économie des frais ; la procédure sommaire, en effet, se prête à toutes les formalités nécessaires à la bonne instruction d'une affaire, aux enquêtes, aux interrogatoires sur faits et articles, aux rapports d'experts, à toutes choses qui garantissent suffisamment les droits des parties.

L'instruction des affaires sommaires est plus simple et plus rapide, parce qu'elle est dégagée de toutes les écritures qui ne sont pas indispensables.

Elles sont jugées à l'audience après les délais de la citation échue, sur un simple acte, sans autre procédure ni formalités (art. 405, C. Pr.). Ainsi, on ne signifie point de défenses, il n'y a pas lieu par conséquent à y répondre : au surplus, elles ne sauraient être jamais l'objet d'une instruction par écrit. Toutefois, il n'y aurait pas nullité si les parties signifiaient des conclusions motivées. Les tribunaux peuvent, pour la bonne administration de la justice, autoriser en toute matière cette signification ; ainsi, à la première audience où les conclusions ont été posées, le tribunal, reconnaissant que celles prises sont susceptibles de soulever des questions de la plus haute gravité, peut autoriser, pour éclairer les débats, la signification de conclusions motivées.

Toutes les affaires sommaires ne sont pas dispensées du préliminaire de conciliation. Ainsi, une demande formée sans titre pour une somme au-dessous de 1,500 fr., bien qu'elle soit sommaire, est soumise à l'épreuve de la conciliation (Boitard, 2-353).

A part ces quelques différences, les affaires sommaires sont soumises aux mêmes règles que les affaires ordinaires, concernant la conciliation, l'ajournement, la constitution d'avoué, la plaidoirie, la correction et la modification des conclusions, la publicité des audiences, les délibérés, etc.

C'est principalement en ce qui touche les enquêtes, que le législateur a cru devoir simplifier la procédure, en matière sommaire.

Ainsi, lorsqu'il y a lieu à enquête, il n'est pas besoin que les faits soient préalablement articulés ou déniés comme en matière ordinaire. Ils seront énoncés dans les conclusions prises à l'audience, et le jugement qui ordonnera l'enquête les énoncera en fixant les jours et heures où les témoins seront entendus (art. 407).

En second lieu, les témoins seront entendus, non pas par un juge commissaire spécialement désigné à cet effet, comme en matière ordinaire, mais à l'audience même du tribunal.

Par conséquent, puisque le tribunal doit statuer lui-même après l'audition des témoins, il n'est pas nécessaire de rédiger un procès-verbal d'enquêtes. Il sera seulement fait mention dans le jugement des noms des témoins et du résultat de leur déposition. Le procès-verbal d'enquête, en effet, n'est indispensable que lorsque la décision doit émaner de juges n'ayant pas participé à l'enquête ; aussi, par exception, lorsque le jugement à rendre en matière sommaire sera susceptible d'appel, il devra être dressé procès-verbal de l'enquête contenant les serments des témoins, leurs déclarations s'ils sont parents, alliés ou serviteurs des parties, les reproches qui auraient été formés contre eux, et le résultat de leurs dépositions. On voit donc combien les enquêtes sommaires sont plus rapides et moins coûteuses que les enquêtes ordinaires ; cependant, d'après l'art. 413, il faudra observer certaines dispositions prescrites en matière ordinaire.

QUESTION.

Y aurait-il nullité si, dans le cas de l'art. 411, le procès-verbal n'avait pas été dressé ? — Oui, la formalité est substantielle.

DROIT CRIMINEL.

Des mises en accusation.

(217, 250.)

L'administration de la justice criminelle est placée sous l'autorité des cours souveraines. L'organisation de la Chambre des mises en accusation est réglée d'après l'art. 2 du décret du 6 juillet 1810 : « Nos Cours impériales formeront trois Chambres, dont une con» naîtra des mises en accusation. » Elle se compose de cinq membres au moins ; ce nombre de magistrats est absolument exigé ; la loi ne défend pas qu'il y en ait plus, mais elle en exige cinq.

Les membres absents ou empêchés doivent être remplacés, et l'art. 9 du décret du 6 juillet 1810 y a pourvu, en ordonnant

que « tous les membres des Chambres civiles ou criminelles pour-
» ront être respectivement appelés, dans le cas de nécessité, pour
» le service d'une autre Chambre. » A défaut de conseillers, on
peut appeler un avocat attaché au tribunal pour compléter le nombre. Les membres de la Cour qui doivent former la Chambre des
mises en accusation sont désignés et renouvelés chaque année par
le roulement.

Chaque année, le tiers des membres d'une Chambre passera dans
une autre Chambre, dans l'ordre réglé par un décret particulier
(art. 15 du décret du 6 juillet 1810).

Ainsi, ces juges désignés et tous les cinq présents, sont seuls
capables de former la Chambre des mises en accusation.

Il peut arriver que les juges désignés ne fassent pas partie de
la Chambre des mises en accusation; ils sont atteints par les causes d'abstention, de récusation, d'incompatibilité, qui s'étendent à
tous les juges. (Cass., 4 mars 1851.)

Les parties, par exemple, peuvent récuser tel membre ; on est
alors tenu de compléter la Chambre des mises en accusation, en
choisissant un membre d'une autre Chambre.

La composition de la Chambre des mises en accusation est com-
plétée par la présence du ministère public et l'assistance du greffier. L'art. 218 dispose que la Chambre doit entendre le rapport
du procureur-général et statuer sur ses réquisitions.

Aussitôt qu'elle se trouve saisie, soit par la transmission des pièces, soit par l'opposition des parties, le rapport entendu, elle doit
statuer immédiatement; et si cela est possible, au plus tard dans
les trois jours (art. 219). Elle statue sur l'instruction écrite, prononce à huis-clos, à la majorité des voix. Les juges procèdent à
l'examen du fait allégué sans désemparer, c'est-à-dire sans quitter
une affaire pour en prendre une autre; ils examinent d'abord si
le fait est revêtu du caractère de crime, puis s'il existe contre le
prévenu des preuves suffisantes pour le considérer comme coupable.

La Chambre des mises en accusation ne peut procéder d'elle-même à aucun acte d'instruction; cependant, pour mieux arrêter leur conviction, les juges peuvent ordonner, s'il y a lieu, de nouvelles informations.

Quand l'instruction est complète, la Chambre doit procéder à l'examen des faits et au règlement de la compétence.

Ainsi, quand elle procède à l'examen de l'instruction, elle vérifie : si elle est compétente à raison de la *matière*, à raison de la *qualité* de la *personne*, à raison du lieu de la perpétration. En second lieu, si l'action est recevable; en dernier lieu, si elle est suspendue ou éteinte par quelque exception ou fin de non-recevoir.

La Chambre des mises en accusation est compétente pour connaître de tous les faits qui se rattachent à la prévention.

Relativement à l'appréciation des faits, elle est souveraine en ce qui touche leur existence.

Elle a le droit de modifier les qualifications qui avaient été attribuées au fait incriminé par l'ordonnance du juge d'instruction, et même déclarer l'illégalité des actes de ce magistrat; ordonner des informations nouvelles, ou évoquer des procédures criminelles.

Cependant, il y a des conditions d'exercice de ces importantes attributions désignées par la loi. Il faut : 1º que les faits qui donnent lieu à ces mesures soient déclarés punissables par la loi;

2º Que la chambre soit déjà saisie de l'affaire dans laquelle les faits se révèlent ;

3º Que la chambre soit valablement saisie.

La chambre des mises en accusation est saisie : 1º par le renvoi qui lui est fait des procédures; 2º par réquisitoire du procureur général pour poursuivre ou commencer les poursuites; 3º par un arrêt des Chambres assemblées.

Si la Chambre, après examen des faits et règlement de compétence, ne reconnaît pas de traces d'un délit et même d'une contravention, ou si elle ne trouve pas d'indices suffisants pour motiver une répression, elle ordonnera que le prévenu soit mis en liberté.

Son arrêt sera exécuté sur le champ.

Si la Cour estime que le prévenu n'est passible que d'une peine de simple police, elle lui rendra sur le champ sa liberté; si elle juge que le fait emporte une peine correctionnelle, elle maintiendra son écrou, s'il est détenu; le fera arrêter s'il ne l'est pas, et dans ces deux cas elle le renverra devant les tribunaux compétents.

Ainsi, la Chambre des mises en accusation jouit aujourd'hui d'un pouvoir attributif de compétence qu'elle n'avait pas autrefois en matière de simple police et correctionnelle.

Si le fait est qualifié crime par la loi, et qu'elle trouve des charges suffisantes, elle renverra le prévenu devant la Cour d'assises.

Toutes les fois que la Cour prononce une mise en accusation, c'est-à-dire qu'elle renvoie le prévenu devant les assises, elle décerne contre lui une ordonnance de prise de corps, qui contiendra l'exposé sommaire et la qualification légale du fait qui est l'objet de l'accusation.

L'ordonnance de prise de corps sera insérée dans l'arrêt de mise en accusation, qui contiendra l'ordre de conduire l'accusé dans la maison de justice établie près la Cour où il sera renvoyé.

En principe, les arrêts de la Chambre des mises en accusation sont définitifs.

Ainsi, le prévenu à l'égard duquel la Cour impériale aura décidé qu'il n'y a pas lieu au renvoi à la Cour d'assises, ne pourra y être traduit en raison du même fait.

Mais la loi n'a pas voulu que ce principe fût admis d'une manière absolue; la perpétration du crime est le plus souvent enveloppée de mystère; le plus souvent, sa révélation n'est que l'œuvre du temps, ou ne tient qu'à des circonstances imprévues. Il ne serait pas alors juste que l'homme que des préventions puissantes ont conduit devant la Chambre des mises en accusation, fût quitte avec la justice, qui n'ayant pas assez de preuves, le rend à la société, parmi laquelle plus tard s'élève de nouvelles charges qui ne font plus douter de son crime.

Aussi, toutes les fois que des charges nouvelles s'élèvent contre le prévenu que la Chambre d'accusation a renvoyé, on continuera les poursuites.

Les charges énumérées dans l'art. 247, sont les déclarations des témoins, les pièces et les procès-verbaux qui n'ayant pu être soumis à l'examen de la Cour impériale, sont cependant de nature, soit à fortifier les preuves que la Cour aurait trouvées trop faibles, soit à donner aux faits de nouveaux développements utiles à la manifestation de la vérité.

Ces pièces seront adressées par l'officier de police ou le juge d'instruction, sans délai, au procureur général près la Cour impériale ; et sur la réquisition de ce dernier, le président de la section criminelle indiquera le juge devant lequel il sera fait une nouvelle instruction.

Toutefois, le juge d'instruction aura le droit de décerner contre le prévenu un mandat de défaut ou d'arrêt, avant même que les pièces aient été remises au procureur général.

QUESTION.

La Chambre de mises en accusation a-t-elle un pouvoir attributif de compétence pour les affaires correctionnelles et de simple police ? — Oui.

Vu par le président de la Thèse,
DUFOUR.

Cette Thèse sera soutenue, en séance publique, le 10 janvier 1860, dans une des salles de la Faculté.

9 782019 994488